W0202000

Le petit kit de survie SPÉCIAL frileuse

LAROUSSE

Direction de la publication :
Isabelle Jeuge-Maynart et Ghislaine Stora

Direction éditoriale : Émilie Franc et Julie Martin

Édition : Sylvie Cattaneo-Naves, Amandine Poste

Direction artistique : Géraldine Lamy

Création et mise en page : Sophie Compagne

Couverture : Claire Simonet

Fabrication : Donia Faiz

ISBN : 978-2-03-607462-0

Le petit kit de survie

SPÉCIAL *frileuse*

LAROUSSE

Sommaire

Les trucs et astuces

TOUT SIMPLES

pour chasser le froid

« Fière de son bonnet, la frileuse se réjouit de sa journée ! »

DÉMARRER *un tricot !*

Pour avoir chaud, mettez-vous au tricot ! Fabriquez-vous des écharpes, des bonnets, des gants, des plaids géants... laissez parler votre créativité !

UN BON CONSEIL : si vous débutez, choisissez une écharpe ou un snood à réaliser avec de grosses aiguilles à tricoter et une laine bien épaisse. Votre ouvrage montera plus vite et qui sait, cela vous donnera peut-être envie de continuer.

PIEDS ET MAINS *au chaud*

Avec le bonnet de ce coffret, pas de souci pour votre tête ! Mais une autre partie du corps qui refroidit vite : nos petons ! Collez-les contre votre moitié, si vous en avez une et qu'elle ne rechigne pas trop ! Sinon, calez-les sous votre animal de compagnie, si vous n'en avez pas ou si vous ne voulez pas déranger votre petite bête, rapprochez-vous simplement de votre radiateur.

Le must, faites réchauffer vos chaussettes près de celui-ci pendant quelques minutes puis enfilez-les ! Pour vos mains, une bonne tasse de thé et le tour est joué.

Faire un bon feu DE CHEMINÉE !

Créez-vous un petit coin cocooning : un fauteuil confortable, un plaid tout doux, une lecture, une boisson chaude et laissez-vous apaiser par le crépitement des bûches qui s'enflamment.

Pour parfaire ce moment, agrémentez votre chocolat chaud de quelques chamallows.

L'OPTION *gym tonique*

Trop d'hibernation tue l'hibernation ! Les bains, les plaids, c'est bien gentil mais pour se réchauffer et rester énergique, improvisez de petits exercices rien qu'à vous !

UN CLASSIQUE : le combo abdo-pompe ! Rien de tel que quelques pompes et abdos enchaînés pendant 5 min. Préparez un tapis, puis positionnez-vous afin de réaliser 10 pompes (faites-les sur les genoux pour que ce soit un peu plus facile). Ensuite, allongez-vous sur le dos, serrez vos jambes puis levez-les à la verticale. Répétez ce moment 15 fois d'affilée. Vous allez sentir vos abdos brûler et cela va vous décongeler en un rien de temps !

ALLERGIQUE À LA GYM ?
Testez la danse !

Muni d'une playlist spécial hiver, déhanchez-vous dans toutes les pièces de sa maison, le son à fond. Cap de monter sur la table de la salle à manger comme sur une scène, un plaid en guise de cape, et de s'adresser à votre public imaginaire en délire, tel une rockstar à la fin de son solo de guitare. Votre téléphone à la main comme un micro, chantez à en perdre haleine. Après ça, vous n'aurez plus froid !

Saute-
CANAPÉ !

Pas de moutons sous la main ? Sautez plusieurs fois par-dessus votre canapé afin de refaire affluer le sang dans ses extrémités toutes congelées. Prenez appui avec vos mains sur le dossier de votre canapé et amusez-vous à sauter par-dessus. Challengez votre moitié, à celui qui en fera le plus en 1 min.

DÉFIS *indoor*

Quand il a vraiment trop froid, lancez-vous de petits défis, comme le triathlon dans l'escalier. Montez les escaliers le plus vite possible, montez à cloche-pied, montez une marche sur deux.... N'oubliez pas que le but est d'avoir chaud alors challengez-vous vraiment tout en faisant attention à ne pas vous faire mal !

DES BAINS *tout chauds*

L'une des techniques les plus simples pour se réchauffer : prendre de bons bains bien chauds, agrémentés d'huiles essentielles afin de se créer une douce bulle de bien-être. Ajoutez à cela quelques bougies, un bon livre, un peu de musique, et c'est le bonheur !

Retrouvez dans les pages suivantes ces différentes recettes.

C'EST parti !

1. Préparez-vous un bain avec une eau entre 37 et 40 °C.
2. Pour éviter que les huiles ne stagnent en surface, diluez-les dans une tasse de lait ou un peu de gel douche, puis versez ce mélange dans l'eau.
3. Allongez-vous dans votre bain, une serviette roulée sous la nuque, fermez les yeux, respirez lentement, humez les parfums et laissez-vous envahir par le bien-être.

4. Restez dans l'eau entre 20 à 30 minutes puis allongez-vous au calme, enveloppé(e) dans un peignoir douillet pour une relaxation à bonne température. En plus d'être un plaisir pour les sens, le bain aromatique a aussi des vertus thérapeutiques. En fonction des huiles choisies, il apaise l'esprit, dégage les bronches, détend les muscles, soulage les articulations et bien plus encore !

POUR UN BAIN *relaxant*

- 10 gouttes d'HE de lavande vraie
- 5 gouttes d'HE de petit grain bigarade
- 5 gouttes d'HE d'orange douce

L'idéal pour retrouver la sérénité après une journée épuisante.

POUR UN BAIN *apaisant*

- 10 gouttes d'HE de petit grain bigarade
- 5 gouttes d'HE de clémentine
- 5 gouttes d'HE de myrte vert

Parfait pour effacer le stress, ce bain vous prépare une nuit de rêve !

Pour un bain DÉCONTRACTANT

- 10 gouttes d'HE de pin sylvestre
- 5 gouttes d'HE de genévrier
- 5 gouttes d'HE de cyprès

Un cocktail qui détend les muscles endoloris et active la circulation.

POUR UN BAIN *effet belle peau*

- 10 gouttes d'HE d'ylang-ylang complète
- 5 gouttes d'HE de géranium rosat
- 5 gouttes d'HE de lavande

Des huiles aux arômes délicats et fleuris qui font la peau douce.

POUR UN BAIN
qui sent bon le Sud

Ingrédients (1 c. à café) :

- fleurs de lavande séchées
- feuilles de romarin
- menthe
- marjolaine
- thym
- graines d'angélique

Une fois tous les ingrédients rassemblés dans un sachet de mousseline, plongez celui-ci dans 1 litre d'eau bouillante et laissez infuser 20 min. Comptez un ou deux verres pour un bain bien parfumé.

Pour un bain REVIGORANT

1. Faites bouillir 1 poignée de fleurs de romarin et une tige de romarin dans 1 litre d'eau pendant 15 min.
2. Filtrez et versez dans une bouteille.
3. Versez un verre de votre préparation dans l'eau du bain.
4. Vous pouvez aussi vous frictionner (à deux, c'est bien mieux) avec votre lotion.

Les bonnes RECETTES qui rechauffent

« On choisit parmi les rêves ceux qui vous réchauffent le mieux l'âme. Pour moi, c'était je l'avoue, le fromage. »

La fondue
ET SON DOUX RÉCHAUD

Non seulement celui-ci répand de la chaleur, mais en prime il donne des sueurs froides tant on redoute qu'il s'éteigne ! Et attention à celui qui perdra son morceau de pain au fond du poêlon et qui devra subir un terrible gage, comme courir dans la neige, le cauchemar de toute frileuse qui se respecte !

PRÉPARATION 30 min
INGRÉDIENTS pour 2 personnes

du pain en dés · 15 cl de vin blanc de Savoie (Apremont) · 400 g de fromage (beaufort, comté, emmental...)

Versez le vin blanc et le fromage dans le caquelon. Mélangez avec une cuillère en bois jusqu'à ce que le fromage soit bien fondu.

La raclette : LA CONVIVIALITÉ RÉCHAUFFANTE

Grâce à l'appareil qui diffuse sa douce chaleur dans toute la pièce, mais aussi parce que ça demande de l'exercice, d'aller récupérer sa coupelle de fromage fondu à l'autre bout de la table, en écrasant la moitié des convives ! N'avez-vous jamais remarqué qu'à la fin d'une raclette party tout le monde est en débardeur ?

PRÉPARATION : 15 min
INGRÉDIENTS pour 2 personnes

❄ 300 g de fromage ❄ 300 g de charcuterie en tranches ❄ 600 g de pommes de terre

Faites cuire les pommes de terre à l'eau ou à la vapeur et garnissez votre poêlon.

Une banane FLAMBÉE

PRÉPARATION : 5 min
CUISSON : 10 min
INGRÉDIENTS POUR 2 BANANES :

2 bananes de Guadeloupe & Martinique très mûres – 100 g de sucre – 70 g de beurre – 1 verre de jus multifruit – 15 cl de rhum vieux

1. Épluchez 2 bananes.
2. Faites caraméliser le sucre et le beurre dans une petite poêle. Roulez les bananes dans le caramel, mouillez de jus de goyave et laissez réduire 10 minutes.
3. Dressez les bananes dans les assiettes de service, bien nappées de caramel.
4. Réchauffez le rhum, versez-le sur les bananes et flambez-les.

CRACKERS *d'hiver*

PRÉPARATION : 20 min
CUISSON : 1 h
INGRÉDIENTS POUR 8 À 10 CRACKERS :

50 g de graines de sésame – 70 g de graines de courge – 70 g de graines de lin – 50 g de farine de votre choix – 2 c. à soupe d'huile de colza – 1 pincée de sel

1. Mélangez les graines et la farine, ajoutez 15 cl d'eau bouillante et l'huile, puis malaxez pour obtenir une pâte collante que vous divisez en 2 pâtons. Farinez et placez chacun entre deux grandes feuilles de papier sulfurisé. Avec un rouleau, étalez en fine galette et saupoudrez d'un peu de sel.

3. Préchauffez le four à 150 °C. Découpez la pâte en rectangles avec une roulette à pizza et faites cuire 60 min.

BISCUITS GOURMANDS *gingembre-cannelle*

PRÉPARATION : 30 min + 1 nuit (repos)
CUISSON : 10 min
INGRÉDIENTS POUR 10 BISCUITS :

- 550 g de farine
- 1 c. à café de levure en poudre
- 1 c. à café de gingembre râpé
- 2 c. à café de cannelle en poudre
- 1 c. à café de cardamome en poudre
- 1 pincée de sel
- 180 g de beurre mou
- 200 g de sucre roux
- 15 cl de crème épaisse
- 1/2 c. à café de zeste d'orange bio

1. La veille, mélangez la farine, la levure, les épices et le sel. Incorporez le beurre, puis le reste des ingrédients et pétrissez pour obtenir une pâte homogène.
2. Roulez la pâte en boule, enveloppez-la dans du film alimentaire et laissez reposer une nuit au réfrigérateur.
3. Le lendemain, préchauffez le four à 200 °C. Étalez la pâte sur une épaisseur de 5 mm et découpez les biscuits à l'emporte-pièce. Disposez les gâteaux sur une plaque préalablement recouverte de papier sulfurisé et faites-les cuire de 6 à 10 min.
4. Laissez refroidir sur une grille et dégustez.

Chocolat chaud
AUX ÉPICES

CUISSON : 5 min
INGRÉDIENTS POUR 3 MUGS :
❄ 50 cl de lait ❄ 25 cl de crème liquide
❄ 150 g de chocolat à 70 % de cacao
❄ 50 g de chocolat au lait ❄ 1 clou de girofle
❄ 2 pincées de cannelle en poudre ❄ 1 pincée de cardamome en poudre ❄ 1 pincée de badiane (ou anis étoilé) ❄ 1 pincée de vanille en poudre
❄ 1 pincée de poivre moulu

1. Faites chauffer le lait et la crème dans une casserole. Éteignez le feu au premier bouillon, puis ajoutez le chocolat concassé, les épices et mélangez à la spatule.
2. Couvrez, attendez 3 min et faites mousser au fouet avant de déguster.

Vin chaud AUX ÉPICES

CUISSON : 1 h
INGRÉDIENTS POUR 4 VERRES :
✻ 2 c. à soupe de raisins secs ✻ 10 cl de rhum brun ✻ 75 cl de bon vin rouge ✻ Le zeste de 1 orange bio + rondelles ✻ 2 bâtons de cannelle ✻ 20 g de gingembre râpé ✻ 5 clous de girofle ✻ 10 graines de cardamome ✻ 180 g de vergeoise

1. Faites macérer les raisins secs dans le rhum pendant 1 h.
2. Dans une casserole, mélangez le vin rouge avec le zeste d'orange, la cannelle, le gingembre, les clous de girofle, la cardamome et le sucre. Laissez mijoter 1 h à feu doux.
3. Filtrez, puis ajoutez les raisins secs et quelques rondelles d'orange.

SANGRIA cannelle-gingembre

Rien de tel qu'une bonne nuit à deux boostée par un breuvage magique pour oublier qu'il fait froid !

INGRÉDIENTS POUR 4 VERRES :

1 litre de bon vin rouge • 100 g de sucre • 1 c. à café de gingembre en poudre • 1 c. à café de cannelle en poudre • 2 clous de girofle • 1/2 gousse de vanille

1. Versez le vin chauffé à frémissement sur tous les autres ingrédients.
2. Mélangez, laissez reposer quelques instants, filtrez et buvez tiède.

L'infusion DE VIGNE ROUGE

Dans la vigne, tout est bon, même les feuilles ! Elles contiennent des principes actifs qui tonifient les vaisseaux et améliorent la circulation sanguine : ça réchauffe !

1. Faites infuser pendant 15 min 1 poignée de feuilles dans 1 litre d'eau frémissante.
2. Filtrez et sucrez selon votre goût.

Infusion douce
BONNE NUIT

INGRÉDIENTS POUR 3 MUGS

1 c. à café de camomille 1 c. à café de passiflore 1 c. à café de verveine 1 c. à café de menthe douce 1 bâton de cannelle

1. Placez tous les ingrédients dans le filtre d'une théière ou d'une tisanière.
2. Versez 50 cl d'eau bouillante dessus et laissez infuser 10 min. À déguster le soir devant un bon feu. Doux rêves assurés !

GROG cocooning

Testez ce grog qui titille les papilles et réchauffe le corps. À savourer en regardant tomber la neige, installé(e) bien au chaud chez vous dans votre meilleur fauteuil.

INGRÉDIENTS POUR UNE TASSE

- 20 cl de lait
- 1 ou 2 c. à soupe de miel
- 3 c. à soupe de rhum ambré

1. Dans une casserole, laissez frémir le lait sans le faire bouillir et ajoutez le miel. Choisissez de préférence du miel de lavande ou d'acacia dont le parfum subtil se marie mieux au rhum.
2. Versez l'alcool dans votre mug puis ajoutez le lait. Vous n'avez plus qu'à déguster en vous laissant envahir par cette chaleur réconfortante !

Se bouger et méditer POUR oublier l'hiver

« Réveille-toi avec
motivation,
Endors-toi avec
satisfaction,
Réchauffe-toi avec
méditation. »

Les etirements
BIEN-ÊTRE

Faites le dos rond et le dos cambré, en étant à quatre pattes, les bras et les jambes parallèles posés au sol. Lentement, arrondissez votre dos en creusant le ventre puis cambrez-le en gonflant le ventre, tout en respirant doucement. Au moins dix fois.

Poursuivez en tendant vos bras en avant et en remontant doucement votre fessier, puis étirez bien le dos lentement.

Terminez en posant votre fessier sur vos talons, mains et bras en arrière et tête posée sur le côté. Profitez de ce moment de relaxation au chaud.

RÉCHAUFFONS *les articulations*

Levez le pied et faites-le tourner dans un sens puis dans l'autre pendant une minute. Faites de même avec l'autre pied.

Puis, toujours en ayant un pied levé, tournez toute la partie inférieure de votre jambe (tibia) afin de bien faire s'articuler votre genou qui, lui, ne bouge pas. Dans les deux sens, pendant une minute. Faites de même avec l'autre pied.

Posez maintenant vos deux mains sur les hanches et bougez tout votre bassin en formant un cercle, dans un sens puis dans l'autre, sept fois.

Enfin, pliez un bras et faites-le tourner en dessinant des petits cercles dans les deux sens pendant une minute. Faites de même avec l'autre bras.

PETITS JEUX DE DÉTENTE *et de stimulation*

Sans forcer et dans la pleine conscience de chaque mouvement, serrez les doigts de vos deux mains et ouvrez-les. Puis pliez vos poignets et faites-les monter et descendre en ayant les pouces séparés des autres doigts. Enfin, faites bouger vos pouces écartés le plus vers le centre des paumes de vos mains et revenir à l'extérieur. Au moins dix fois pour chaque petit exercice. Ensuite tapotez toute votre surface crânienne pendant trente secondes du bout de vos dix doigts ! Vous faites ainsi bouger vos doigts de façon ludique tout en favorisant une meilleure circulation dans tout votre corps.

Décollez la peau de votre nuque avec vos doigts, soit d'une main soit des deux mains, pendant environ dix secondes et en respirant profondément. En continuant de maintenir la peau pincée, laissez votre tête basculer lentement en avant, puis dodeliner de droite à gauche dans un ample mouvement de balancier. Recommencez 3 à 4 fois. Balancez à nouveau la tête de droite à gauche puis de haut en bas, comme des hochements. Le cou est relaxé, la tête plus légère et la circulation fluide. Enfin, poussez un grand soupir.

Tapotez le haut de votre torse, les poignets souples, les doigts légèrement recroquevillés et les poings à demi-fermés pendant une dizaine de secondes en murmurant un son de votre choix la bouche ouverte : « oooooo » ou « aaaaaa ». Cela vibre et vous procure un doux massage intérieur, comme le ronronnement d'un chat. Et pour encore plus de stimulation, frictionnez cette zone dans tous les sens à pleines mains. Ces gestes de percussions et de mobilisations détendent la gorge, contribuent à une ouverture thoracique et au décongestionnement des poumons.

Finissez par tapoter délicatement le dessus de chaque rein avec vos doigts fermés pour en améliorer la circulation. Amusez-vous à tapoter avec la main opposée et du bout des doigts toute la face interne et externe d'un de vos bras tendus mais souple, du haut vers le bas et inversement. Faites de même avec l'autre bras.

Le souffle intérieur
QUI RÉCHAUFFE

Assis ou debout, placez d'abord juste une main sur le ventre et une autre ou niveau des lombaires pour sentir votre respiration actuelle, si elle est plus ou moins accélérée. Vous pouvez fermer les yeux pour une meilleure concentration et écoute de votre respiration.

En gardant toujours les mains posées sur le ventre et au niveau des lombaires, inspirez profondément par le nez en gonflant le ventre, sans faire bouger la cage thoracique, puis expirez profondément par la bouche en vidant le ventre et en soufflant loin devant vous. Recommencez au moins trois fois.

Observez les effets sur votre corps et recommencez si besoin.

LE LÂCHER-PRISE dans la douceur

Assis, dans un coin au calme, posez votre regard juste devant vous, au sol. Ne bougez pas, soyez totalement centré sur ce que vous vivez, au présent. Pour cela, utilisez votre respiration comme une ancre. Prendre conscience du souffle est une pratique universelle de méditation.

Posez toute votre attention sur l'air qui entre et qui sort de vos poumons. Des pensées surgissent ? Revenez à votre concentration, sur votre souffle. Comptez vos inspirations et vos expirations jusqu'à dix, puis recommencez à zéro. Une rêverie survient ? Laissez-la passer, revenez sur votre respiration. Au bout de quelques minutes, vous allez sentir tout votre cerveau se détendre et s'apaiser.

Dans le silence
D'UN PAYSAGE ENNEIGÉ

Positionnez-vous derrière une vitre face à un jardin ou une rue ou tout autre paysage devant vous. Fixez au plus près de vous ce qui se déroule. Mais faites-le sans détailler, comme si vous faisiez un travelling, sans vous arrêter sur une action, un bruit, un détail. Faites cela pendant plusieurs minutes… Attention, on ne parle pas d'être indifférent et les yeux dans le vide, bien au contraire, votre cerveau vous présente l'image, mais vous ne laissez pas votre mental s'emparer, donner un sens, interpréter. Vous ne vous laissez pas non plus prendre par une envie de voir de plus près, de comprendre précisément.

Ensuite, relevez votre regard et choisissez une distance plus lointaine, et recommencez votre travelling sans vous « saisir » mentalement d'une information.

Après quelques minutes, répétez la séance avec la vision la plus lointaine possible. Peu à peu, vous allez apprendre à ne traduire les images, les mouvements, les sons, les couleurs que par une information générale. Vous garderez ainsi disponible toute votre énergie, votre calme, vous vous sentirez beaucoup moins absorbé et donc ancré dans le moment présent dans le « ici et maintenant ».

BODY SCAN POUR APAISER LE MENTAL *et chasser le blues hivernal*

Asseyez-vous ou allongez-vous, le dos droit. Prenez une grande inspiration par le nez et expirez doucement par la bouche, faites-le à trois reprises. Quand vous inspirez, ressentez votre abdomen qui se gonfle et quand vous expirez, remarquez comment votre corps se relâche un peu plus à chaque respiration.

Puis revenez à une respiration normale, notez simplement, où dans votre corps vous sentez un peu plus ce va-et-vient de la respiration. En restant immobile écoutez vos sensations internes. Prenez quelques instants pour passer en revue toutes les parties de votre corps une à une, pour faire un balayage corporel. Du haut vers le bas, en commençant par le sommet du crâne. Prenez conscience du poids de votre tête, de la détente ou crispation des muscles de votre visage. Continuez cette cartographie de votre corps et de ce que vous ressentez. Descendez progressivement jusqu'aux pieds. Prenez le temps de ressentir chaque muscle, chaque organe, chaque tension qui s'estompe.

Ne vous inquiétez pas si votre esprit vagabonde, notez-le simplement et ramenez votre attention aux sensations physiques du balayage corporel. Terminez par ressentir la peau qui est votre cocon, posez votre attention sur les sensations de votre enveloppe corporelle. Imaginez-la qui inspire et qui expire. Tranquillement revenez au moment présent.

MES PETITES ASTUCES PERSO
pour avoir chaud

Imprimé en RPC par Toppan Leefung Printing Ltd
Dépôt légal : septembre 2024
337039/01 – 11056015 – mars 2024